中医药文化与健康

第四册

总主编 许二平

本册主编 贾成祥

本册执行主编 张 楠 范 敬

河南大学出版社
HENAN UNIVERSITY PRESS

·郑州·

图书在版编目（CIP）数据

中医药文化与健康. 第四册 / 许二平主编. -- 郑州: 河南大学出版社, 2022.8
 ISBN 978-7-5649-5305-8

Ⅰ.①中… Ⅱ.①许… Ⅲ.①中国医药学 – 文化 – 普及读物 Ⅳ.①R2-05

中国版本图书馆CIP数据核字(2022)第156441号

策划编辑	程新晓		
责任编辑	田丽贞	责任校对	马　静
责任印制	陈建恩	封面设计	李雪莹

出　版	河南大学出版社		
	地址：郑州市郑东新区商务外环中华大厦2401号	邮编：450046	
	电话：0371-22864493（基础教育与学前教育分公司）	网址：hupress.henu.edu.cn	
排　版	河南君策广告设计有限公司		
印　刷	河南美轩印务有限公司		
版　次	2022年8月第1版	印　次	2022年8月第1次印刷
开　本	787 mm×1092 mm　1/16	印　张	5.75
字　数	75千字	定　价	24.00元

（本书如有印装质量问题，请与当地销售部门联系调换。本书在编写过程中，参考引用了一些资料，取得了原作者的大力支持，在此谨表感谢，但因一些作者的地址不详，我们无法取得联系。敬请各位作者与我们联系，以便做出妥善处理。）

编委会

总 主 编　许二平

主　　　审　许敬生　韦大文

执行主编　王　琳　许敬生　徐江雁　贾成祥　李成文
　　　　　　苗明三　李东阳

编　　　委（按姓氏笔画为序）

　　　　　王　琳　王　辉　王剑锋　韦大文　方晓艳
　　　　　尹笑丹　朱红庆　刘文礼　许二平　许敬生
　　　　　李东阳　李成文　李青雅　张　楠　张晓艳
　　　　　张婷婷　苗明三　范　敬　赵迪克　赵培源
　　　　　胡研萍　贾成祥　徐江雁　常征辉　彭　新

第一单元　识五脏 认六腑 — 01

第一课　肝与胆 — 03

第二课　心与小肠 — 07

第三课　脾与胃 — 12

第四课　肺与大肠 — 16

第五课　肾与膀胱 — 20

第二单元　人是怎样生病的 — 25

第一课　外感六淫（疠气） — 26

第二课　七情内伤 — 33

第三课　饮食失宜 — 38

第四课　劳逸失度 — 42

第三单元　中医是怎么看病的 ……………… 47

第一课　　望　　诊 ……………………………… 48

第二课　　闻　　诊 ……………………………… 51

第三课　　问　　诊 ……………………………… 55

第四课　　切　　诊 ……………………………… 60

第四单元　认识中药的剂型 ……………………… 65

第一课　　带你认识汤剂 ………………………… 66

第二课　　带你认识丸剂 ………………………… 70

第三课　　带你认识膏剂 ………………………… 77

第四课　　带你认识散剂 ………………………… 81

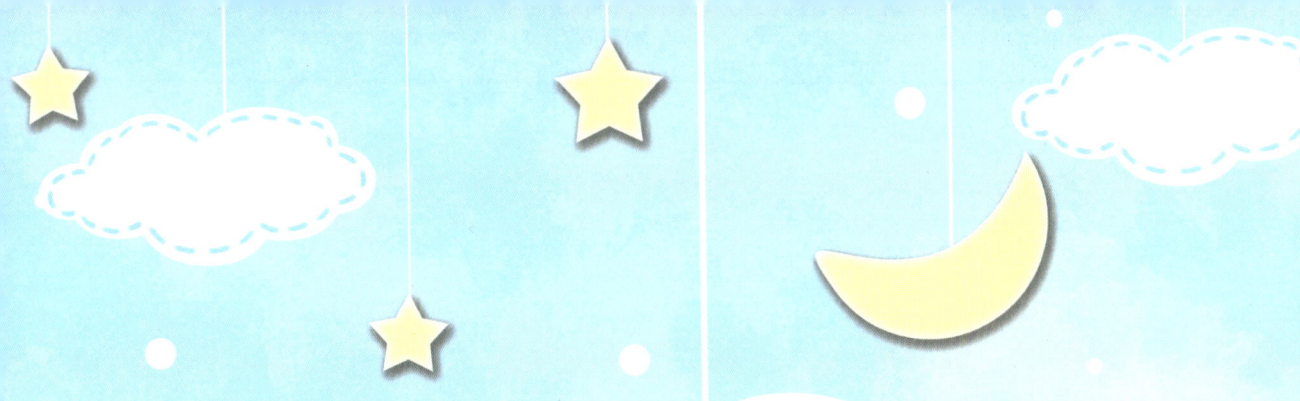

第一单元
识五脏 认六腑

五脏是肝、心、脾、肺、肾的合称。六腑是指胆、胃、小肠、大肠、膀胱、三焦。脏主里而属阴，腑主表而属阳，脏与腑的关系，是脏腑阴阳表里的配合关系。肝与胆、心与小肠、脾与胃、肺与大肠、肾与膀胱，都是互为表里的脏腑。

第一课 肝与胆

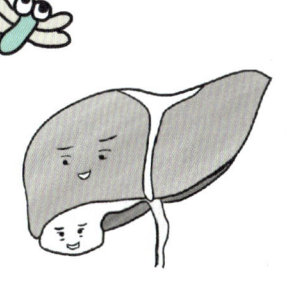
·肝胆相照·

我们耳熟能详的成语"肝胆相照",比喻彼此之间真诚相见。在中医学理论中,肝与胆的关系也非常密切。我们来共同探索肝与胆那些令人称奇的功能吧。

"大江东去,浪淘尽,千古风流人物。故垒西边,人道是,三国周郎赤壁。"宋代诗人苏轼在《赤壁怀古》中提到的"周郎"是周瑜。在《三国演义》中,诸葛亮三气周瑜,导致周瑜盛怒之下,肝气上逆,气机逆乱,最终吐血身亡。这是因为影响了肝的正常生理功能引起的。"肝在志为怒",大怒或郁怒不解极易伤肝,造成肝气疏泄失调,进而出现头胀头痛、面红目赤、急躁易怒,乃至呕血昏厥等症状。

·肝主调节气血·

肝主疏泄,意指疏通与发泄。肝主疏泄的中心环节是调畅气机。肝脏就像人体内的"交通警察"一样,其核心职责在于保持气血津液等物质运行的通道畅通无

阻，维持交通有序进行，避免堵塞。一旦出现拥堵或者逆行等违规现象，就会导致疾病产生。

肝主藏血。肝脏作为人体血液的储存库，扮演着重要的角色。当我们进行剧烈运动时，肝脏会把贮藏的血液释放出来，供全身机体使用；当我们安静或休息的时候，血液又会回流至肝脏进行"充电"。

《黄帝内经》中记载："人卧血归于肝，肝受血而能视。"肝血有濡养眼睛的作用，因此，经常熬夜的人到后半夜，肝血被过度消耗，而无法及时回流至肝脏进行"充电"，往往会出现双眼干涩、视物模糊等症状，这就是非常典型的肝血不足引起的症状。

肝在五行中属"木"，与春气相通应。一年之计在于春。春天是一年的开端，大地复苏，万物生机勃勃，人体的气血亦随"春生"之气而生生不息。因此，春天的时候，同学们应保持心情开朗舒畅，以顺应春气生发和肝气畅达之性。

·与春气相通应·

同学们，你们知道"房谋杜断"这个成语吗？在唐太宗时期，宰相房玄龄和杜如晦同朝为官，房玄龄擅长谋略，而杜如晦则敢于善断，两人同心济谋，传为佳话。《黄帝内经》中记载："肝者，将军之官，谋虑出焉。胆者，中正之官，决断出焉。"古人把肝脏比喻成有胆有谋的将军，内藏韬略计谋，性格勇猛刚烈，能施展智谋，考虑对策。胆则被比作判断者、裁判官，主掌纠察过失，能够不偏不倚地对事物做出公正的判断。肝主谋虑，胆主决断，二者相成互济，谋定而后决断出。

肝在成语中形象地反映了将军刚强勇敢的个性，比如侠肝义胆、肝脑涂地等。与胆有关的成语则表示人胆量的大小，比如胆大包天表示胆量极大，而胆小如鼠则表示胆量极小。

房玄龄

杜如晦

·房谋杜断·

生活中的中医小妙招

玫瑰花是蔷薇科植物玫瑰初放的花。每年4月至6月，在花蕾即将开放时分批采摘，用文火迅速烘干后入药，具有理气解郁、和血散瘀的功效。《本草再新》中记载："舒肝胆之郁气，健脾降火。治腹中冷痛，胃脘积寒，兼能破血。"因此，在心情抑郁、情志不畅的时候，可用适量玫瑰花泡茶，发挥其疏肝解郁、调畅情志的作用。

·玫瑰花·

·玫瑰花茶·

 思考能力我最强

1. 同学们,你们知道与肝胆有关的成语吗?请列举3~5个。

2. 为什么说吃鸡肝、羊肝有保护眼睛的作用?

 动手能力我最棒

动手做一杯清肝明目的枸杞菊花茶。

材料:枸杞、菊花。

做法:将枸杞加水1500毫升,大火煮沸,转小火炖煮20分钟,再将菊花放入,大火煮沸后熄火5分钟,捞去菊花,代茶品饮。(也可以等量热水冲泡,但效力较轻)

·枸杞菊花茶·

第二课 心与小肠

我们经常说的"开心""伤心""心急""心烦"都和"心"密切相关,现在让我们一起来探索"心"的小秘密吧。

《黄帝内经》把人体比喻为一个国家,有君王和股肱大臣,以及各级官吏,各司其职,通力协作,彼此之间和谐有序,共同确保国家的繁荣昌盛,抵御外敌入侵。在中医学的理论体系中,心是人体生命活动的主宰,被称为"君主之官"。

"范进中举"是清代文学家吴敬梓在《儒林外史》中记载的一则经典故事。屡试不第的范进在五十多岁时得中举人,过度欢喜,大喜伤心,以至于喜极而狂,神志错乱。唐

·范进中举·

代诗人杜甫在《闻官军收河南河北》中写道:"却看妻子愁何在,漫卷诗书喜欲狂。"也反映出大喜欲发狂的状态。"心在志为喜",过度喜乐会影响心的正常功能。轻度时,人会出现心悸乏力、精神不集中;严重时,会导致神志失常、出现狂乱等症状。

同学们,你们听过心脏跳动的声音吗?心脏跳动的声音是均匀且有节律的。心是"君主之官",正如国不可一日无君,心脏的搏动一刻都不能停止。人体各个组织器官的正常生理活动都需要"血液"的营养供给。心脏就像人体的动力系统一样,有规律地把血液泵出,推动血液在血管内正常运行,既不拥堵,也不延迟,使营养物质顺利抵达全身各处,满足各组织器官正常生理活动的需求。因此,中医学理论认为"心主血脉"。

·心主血脉·

在日常生活中,同学们可能遭遇过的口腔溃疡、口舌生疮等大部分是由于心火旺盛引起的,这是因为"心在窍为舌"。此外,心在五行中属"火",与夏气相通应。"火"具有温热、向上升腾的特性,所以心火旺盛会引起口舌生疮等症状,在炎炎夏日尤为常见,这种情况下,同学们可以选择一些清心火的食物食用,比如莲子心、苦瓜等。

每名同学的身体里都藏着一座小小的食品加工厂,它不仅是人体的营养吸收器,还负责把吃下的饭菜加工成营养物质,使身体可以更方便快捷地吸收食物中的养分。这座神奇的加工厂就是小肠。小肠是食物消化吸收的主要场所,它接纳由胃初步消化的食物,并对食物进行进一步消化和吸收,转化为人体可以吸收的营养物质和需要排出的代谢产物。

生活中的中医小妙招

莲子心是睡莲科植物莲的成熟种子内部的绿色胚芽。采收莲子时,将莲子剥开,取出绿色胚(莲心),晒干。《本草再新》中记载其有"清心火,平肝火,泻脾火,降肺火"的功效。中医学理论认为"心开窍于舌",当心火亢盛时,往往会出现口舌生疮的表现,同时伴有心烦、口渴等症状,可用适量的莲子心泡茶饮用,既可清

· 莲子 ·

热去火，又能安神定志。

制作方法：

1. 用小刀在莲子中间横划一圈，使莲子壳上出现清晰刀迹即可。

2. 掰开壳，露出莲子。

3. 用一根牙签从莲子中间穿过，带出莲子心。

4. 用凉开水清洗掉莲子心上的黏液，阴干。

5. 一次取2克泡茶。

 **思考能力我最强**

同学们，你们知道生活中有哪些食物可以清心火吗？

动手能力我最棒

盛夏酷暑，一碗绿豆莲子粥，甘甜清凉，滋味可口，防暑消热。同学们，请动手做一碗绿豆莲子粥吧。

·绿豆莲子粥·

1. 将绿豆洗净沥水备用。

2. 将米洗净备用。

3. 将洗好的绿豆和米倒入炖锅内。

4. 倒入适量的开水。

5. 将洗好的莲子倒入锅内。

6. 再加入冰糖。

7. 盖上盖子大火炖1小时30分钟左右。香喷喷的绿豆莲子粥就做好了。

第三课 脾与胃

俗语有云："民以食为天。"饮食作为我们生活中至关重要的一部分，与脾胃功能的正常运作是密不可分的。我们来探索一下中医学中关于脾胃的诸多功能吧。

"衣带渐宽终不悔，为伊消得人憔悴"出自宋代柳永的《蝶恋花·伫倚危楼风细细》，描绘了因过度思念而使人日渐消瘦与憔悴的情景。在中医学理论中，有"脾在志为思"的说法，过度思虑会影响脾胃的正常功能，使人食欲缺乏，茶饭不思，甚至食不知味。如果饮食水谷摄入量减少，人体营养供给不足，全身各组织器官失去营养物质的滋润濡养，则会出现面色憔悴、口唇淡白、肌肉瘦弱、四肢乏力等症状，最终导致人日渐消瘦、憔悴。

《黄帝内经》中记载："脾胃者，仓廪之官，五味出焉。"古人把脾胃比喻成贮藏米谷的仓库，人出生以后，饮食水谷是人体所需营养物质的主要来源，也是化生气血的重要物质基础，是生命活动的根本。脾胃就像人体的粮仓管理员，也是人体的食物加工站，主要负责饮食水谷的消化吸收，并源源不断地把营养物质输送到全身各处，是人体能量化成的源泉。因此脾胃被誉为"后天之本"以及"气血化生之源"。

我们在日常生活中经常会有这样的体会，食物吃多了或者饮食不规律往往会引发肚子胀、肚子痛等问题，这些都与脾胃功能有着密切的关系。所以，同学们要学会呵护自己的脾胃，做到不挑食、不偏食，合理膳食，荤素搭配，均衡营养，规律饮食，定时定量，细嚼慢咽。

生活中的中医小妙招

山药是薯蓣科植物薯蓣的干燥根茎。11月至12月间采挖，需切去根头，洗净泥土，用刀刮去外皮，晒干或烘干。《神农本草经》中记载其具有"主伤中，补虚羸，除寒热邪气，补中，益气力，长肌肉，久服耳目聪明"之功效。

·山药·

《神农本草经》中记载："山药以河南怀庆者良。"焦作古称怀庆府，北依太行，南临黄河，自然条件得天独厚，山药、地黄、菊花、牛膝"四大怀药"驰名中外。怀山药作为"四大怀药"之首，医家评价其"温补"且"性平"，是"药食同源"的典范。"铁棍山药"为怀山药中的珍品，因其色褐间红、质坚粉足、身细体长，外形酷似铁棍而得名，主产区为河南省焦作市温县。

思考能力我最强

你知道生活中哪些食物具有补益脾胃的功效吗？

动手能力我最棒

动手制作香甜可口的紫薯山药糕吧。

1. 紫薯和山药去皮洗净，切段后，上锅蒸熟。

2. 把蒸好的紫薯和山药分别用勺子压成泥（趁热）。

3. 加入少许橄榄油和糖调味。

4. 将紫薯泥和山药泥用手搓成球状。

5. 在月饼模子内抹上一层油，然后依次放入一半紫薯泥和一半山药泥，压实后，轻轻去除模子，美味的紫薯山药糕就完成了。

·紫薯山药糕·

第四课 肺与大肠

感冒和咳嗽都是日常生活中比较常见的疾病，它们与肺的功能密切相关。我们来探讨一下为什么外邪侵袭人体，容易伤及肺脏，从而引发鼻塞、流涕、咳嗽等症状。

《红楼梦》中的林黛玉多愁善感，整日郁郁寡欢，悲悲切切，最终因肺病而香消玉殒。"肺在志为悲。"过度悲伤则伤肺，会引发意志消沉、气短胸闷、乏力懒言、咳嗽气喘等症状。肺在五行中属"金"，与秋气相通应。秋天时节，花木凋零，万物萧条，常会让人心中涌起悲秋之情、凄凉之感，产生悲愁情绪，故有"自古逢秋悲寂寥""万里悲秋常作客"等经典之句。而《红楼梦》中林黛玉的症状也是在秋天有所加重，黛玉"每岁至春分秋分之后，必犯嗽疾"。

肺覆盖于五脏六腑，位置最高，保护脏腑免受外邪侵袭。中医学中把肺称为"华盖"。华盖是指古代君王出行时头顶上方所撑的华丽幡盖。这里形象地比喻肺具有保护和遮盖心脏的作用。《黄帝内经》中把肺比作"相傅之官"，相当于宰相，协助辅佐心君，治理调节人体的全身机能。

肺最主要的作用就是主气司呼吸。肺作为人体内外气体交换的重要场所，就像一台不停运作的抽吸机器，通过有规律地吸入自然界的氧气，呼出体内的二氧化碳，吐故纳新，完成气体交换，维持着人体最根本的生命活动和新陈代谢。肺的呼吸作用和心脏的搏动泵血功能同等重要，一刻都不能停歇，呼吸作用一旦停止，人的生命就结束了。

肺通过皮肤、口鼻直接与自然界相通，口鼻是呼吸系统的大门，皮肤是人体最外部的防线，具有防御外邪的作用。外邪侵袭人体，由皮毛或口鼻而入，最先影响肺脏，引发疾病，所以古人把肺称为"娇脏"。我们在生活中可以感受到，一旦感受外邪，往往会出现怕冷怕风、鼻塞不通、嗅觉迟钝以及咳嗽气喘等症状，这是中医学理论中"肺主皮毛""肺开窍于鼻"的具体体现。所以，我们平时要注意保护好我们的肺脏，尤其是在气温变化大、空气质量差的时候，务必得佩戴口罩，以做好防护。

大肠位于腹中,主要职责是接受由小肠下传的食物残渣,吸收水分,形成粪便排出。如果大肠功能失常,往往表现为大便异常,比如大便干结或者腹泻。

生活中的中医小妙招

风寒感冒与风热感冒鉴别小窍门

	风寒感冒	风热感冒
症状	发热,怕冷,有无汗、头痛、全身酸痛、鼻塞、流清涕、咳嗽、痰液清稀等症状,舌苔薄白	发热,口渴喜饮,咽喉干痒疼痛,鼻塞,流黄涕,咳嗽,痰黄,舌苔薄黄
治法	辛温解表,发散风寒	辛凉解表,清热解毒
疗法	生姜红糖水,葱白汤	桑菊饮,银花薄荷饮

 **思考能力我最强**

你知道能够预防感冒的食物或者小妙招吗？快来分享给大家吧！

 **动手能力我最棒**

动手做一份川贝冰糖炖雪梨吧，既好吃，又能润肺止咳。

1. 洗净雪梨，上部连蒂横切为盖，梨下部去心。

2. 加入川贝粉、冰糖，盖上雪梨盖。

3. 把梨放入炖盅内，小火，隔水蒸炖1小时。

·川贝冰糖炖雪梨·

第五课 肾与膀胱

同学们，你们去过河南博物院吗？在主展馆外观建筑顶端可见传统的"四神图"，即青龙、白虎、朱雀、玄武，而"玄武"与中医学中"肾"的关系非常密切。我们来看一下"肾"都有哪些作用吧。

在日常生活中，有些人在受到惊吓后，可能会出现大小便失禁，甚至"屁滚尿流"的尴尬情况，尤其是年老体弱的人和体质羸弱的青少年，更容易出现这种现象。"肾在志为恐。"过度惊恐容易伤肾，导致肾气不固，引发大小便失禁等症状。

"少小离家老大回，乡音无改鬓毛衰"出自唐代诗人贺知章的《回乡偶书》，诗中描绘出，尽管乡音依旧，头发的色泽荣枯却能够比较明确地反映出年龄的变化。中医学理论认为肾是先天之本，内藏肾精，肾精是人体生长发育的生命之源，人出生、成熟、衰老的生命过程与"肾精"的盛衰密切相关,并能从牙齿、头发、听力的变化中体现出来。比如青少年肾精充盈,骨骼坚固有力,牙齿坚硬,头发黝黑浓密,听觉灵敏。而老年人肾精不足,肾气衰少,容易出现腰膝酸软、牙齿松动脱落、头发花白、听力减退等现象。

·幼年到老年·

《黄帝内经》中记载男女的生长周期有"女七男八"的特点,也就是女子每隔七年,生理上会发生一次很明显的改变;而男子是每隔八年会出现一次生理上的变化。肾在五行中属"水",与冬气相通应。冬季是一年中气候最寒冷的季节,自然界草木凋零,万物生机皆闭藏潜伏,昼短夜长,人体的气血也随"冬藏"之气而潜藏于内。

膀胱位于小腹部，上通于肾，下连尿道。《黄帝内经》中把膀胱称为"州都之官"，其主要功能是贮藏尿液和排泄尿液，维持人体内的津液代谢正常。

生活中的中医小妙招

泡脚就是足浴，属于中医足疗法的内容之一，也是一种常用的外治法。俗语记载："春天泡脚，升阳固脱；夏天泡脚，暑湿可祛；秋天泡脚，肺润肠濡；冬天泡脚，丹田温灼。"脚是人体的"第二心脏"，用热水泡脚，不但可以促进脚部的血液循环，促进新陈代谢，刺激脚部的穴位、反射区和经络，而且对消除疲劳、改善睡眠大有裨益。泡脚时，水温以40℃～45℃为佳，时间以30～40分钟为宜，全身微微出汗即可，避免受风。

 **思考能力我最强**

想一想：生活中有哪些食物具有补肾益肾的功效？它们都有什么特点？

 **动手能力我最棒**

动动手，在躯干示意图上标注出五脏六腑相应的位置吧。

附：三焦

三焦的主要功能是疏通水道，运行津液，所以将三焦称为"决渎之官"，决渎 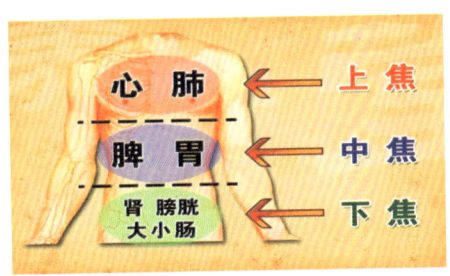 是疏通水道的意思，"决渎之官"作为中医术语，是对三焦的别称。

三焦,首见于《黄帝内经》,属六腑之一,是上焦、中焦、下焦的合称。横膈以上的部位,包括心、肺两脏,以及头面部,归属上焦。横膈以下、脐以上的部位,包括脾胃、肝胆等脏腑,归属中焦。脐以下的部位,包括肾、大肠、小肠、膀胱等脏腑,归属下焦。

第二单元
人是怎样生病的

宋代的陈无择提出"三因学说",认为导致人体生病的因素主要包括三方面,六淫邪气侵袭为外因,七情所伤为内因,而饮食劳倦、跌仆金刃以及虫兽所伤等则为不内外因。

第一课 外感六淫（疠气）

"春有百花秋有月，夏有凉风冬有雪"描绘了四季的自然美景。人类生存的自然环境中有六种不同的气候变化，它们是"风、寒、暑、湿、燥、火"，我们称之为"六气"。正常情况下，春生夏长，秋收冬藏，六气的交互更替是万物生长和人类生存的必要条件。但是，如果某一种"气"太多，或者突然间发生了气候变化，"六气"就变成了"六淫"，成为致病因素，使人生病。"淫"是太多的意思。由于六淫邪气多从肌表、口鼻，由外而内侵袭人体，因此，也被称为"外感邪气"。

"一夜好风吹，新花一万枝"描绘的是春风和煦的春景。立春以后，天渐温，寒渐退，夜渐短，昼渐长，气候逐渐由寒转温。大地由闭藏逐渐开始生发，自然界呈现万物生机勃勃、欣欣向荣的景象。春天，人体也逐渐由冬藏转入春生，人体的肌肤腠理开始变得疏松，而春季多风，外邪容易从肌肤悄悄侵入，引发头痛、怕风、发热、咳嗽等症状。所以，春天，人们要注意防风避风，适度"春捂"，也需要加强锻炼，保持心情愉悦，多做伸展运动，顺应春天升发的特点。

"绿树浓阴夏日长，楼台倒影入池塘"出自唐代高骈的《山亭夏日》，描绘的是绿树成荫的夏景。立夏后，日照渐增，气温渐升，雷雨渐多，昼渐长，夜渐短，自然界由生发开始向生长转变，万物进入茁壮成长、繁荣秀丽的阶段。暑为夏季的火热之邪，具有炎热、升散的特点。

夏季以"暑"为主，加之天气多雨，人们经常会出现口渴心烦、发热汗出、头晕胸闷、气短乏力、食欲下降、小便黄赤等症状。所以，夏天，人们要早起，睡午觉，多喝水，饮食清淡，适量运动，保持快乐欢畅，切记不要贪凉。

"不觉初秋夜渐长，清风习习重凄凉"出自唐代孟浩然的《初秋》，描绘的是凉风渐起、秋意渐浓的秋

景。立秋过后,暑热渐消,自然界由生长向收藏转变,万物开始从繁茂生长趋向萧索成熟。伴随瑟瑟秋风,气温越来越低,降水越来越少,秋意渐浓,秋燥渐增。秋季以"燥"为主,由于燥易伤津,人们经常会出现口鼻干燥、咽干口渴、皮肤干涩、大便干结等症状。秋天,人们要早睡早起,多吃蜂蜜、秋梨等滋阴润燥的食物,同时要保持乐观,避免悲伤情绪。

· 春夏秋冬图 ·

"北国风光,千里冰封,万里雪飘"出自《沁园春·雪》,描绘的是一派白雪皑皑的冬景。冬天,意味着生机开始闭蓄,万物进入休养、收藏状态。立冬过后,日照缩短,气温不断下降,进入"以风鸣冬"的寒冷时节。冬天，自然界的气候以"寒"为主，我们会感受到寒冷，喜欢吃温暖的食物，也会及时增添衣物，避寒保暖。如果不慎受"寒"，就会出现怕冷、鼻塞、流清涕、打喷嚏等症状，这都是由于感受自然界的寒邪所引发的表现。

生活中的中医小妙招

春三月，此谓发陈。天地俱生，万物以荣，夜卧早起，广步于庭，披发缓行，以使志生，生而勿杀，予而勿夺，赏而勿罚，此春气之应，养生之道也；逆之则伤肝，夏为寒变，奉长者少。

夏三月，此谓蕃秀。天地气交，万物华实，夜卧早起，无厌于日，使志勿怒，使华英成秀，使气得泄，若所爱在外，此夏气之应，养长之道也；逆之则伤心，秋为痎疟，奉收者少，冬至重病。

秋三月，此谓容平。天气以急，地气以明，早卧早起，与鸡俱兴，使志安宁，以缓秋刑，收敛神气，使秋气平，无外其志，使肺气清，此秋气之应，养收之道也；逆之则伤肺，冬为飧泄，奉藏者少。

冬三月，此谓闭藏。水冰地坼，勿扰乎阳，早卧晚起，必待日光，使志若伏若匿，若有私意，若已有得，祛寒就温，无泄皮肤，使气亟夺。此冬气之应，养藏之道也；逆之则伤肾，春为痿厥，奉生者少。

 **思考能力我最强**

你知道生活中有哪些能预防中暑的食物和小妙招吗？快分享给大家吧！

 **动手能力我最棒**

冬春季节，呼吸系统疾病多发，请以手抄报的形式呈现呼吸系统疾病的预防措施。

附：疠气

疠气，指具有强烈传染性和致病性的外感病邪的统称。当自然环境急剧变化时，疠气易于产生和流行，伤人则出现疫疠病。

疠气多属热毒之邪，每一种疠气所导致的疫疠病都有各自的临床特点和变化规律，具有强烈的传染性和流行性，可通过空气、食物、接触等多种途径传播，往往发病急骤，病情危笃。

第二课 七情内伤

七情，指喜、怒、忧、思、悲、恐、惊等七种正常的情绪活动，以脏腑精气为物质基础，是人的精神意识对外界事物的反应，一般情况下不会引发疾病。《黄帝内经》中记载："肝在志为怒，心在志为喜，脾在志为思，肺在志为忧，肾在志为恐。"

如果人的情志异常持久，超越了人体的生理和心理适应能力，或人体正气虚弱，脏腑精气虚衰，对情志刺激的调节能力低下，七情会导致脏腑气机升降失常，导致疾病发生，此时则称之为"七情内伤"，正如元代方回的《题禊帖图》所言："七情静动应万事，一气聚散钟千形。"

怒，是因事未遂，而引起气愤不平的情绪反应。过怒导致肝气疏泄太过，容易伤肝，造成肝气疏泄失调，血气上逆，出现头胀头痛、面红目赤、暴躁易怒甚至呕血晕厥等症状。比如，在《三国演义》中，诸葛亮三气周瑜，导致周瑜在盛怒之下，肝气上逆，气机逆乱，最终吐血身亡。《黄帝内经》中记载："怒则气上。"

·黄帝内经与人体养生·

喜，是心情愉悦的表现。心情愉悦对人体健康有很大的帮助，但过喜则会导致心气涣散不收，轻者可见心悸失眠、精神不集中，重者神志失常、狂乱。比如，在《儒林外史》中，屡试不第的范进在五十多岁时得中举人，过度欢喜，大喜伤心，喜极而狂，神志错乱。《黄帝内经》中记载："喜乐者，神惮散而不藏。""喜则气缓。"

忧思，忧是忧郁，思是思虑，均是情绪低落的表现。过度思虑容易伤脾，导致脾运化失司，使人出现不思饮食、腹胀等症状。比如，宋代柳永所作的《蝶恋花·伫倚危楼风细细》中的"衣带渐宽终不悔，为伊消得人憔悴"，描绘的正是由于过度思念，不思饮食，而使人日渐消瘦与憔悴。《黄帝内经》中记载："思则气结。"

悲，是悲哀、悲伤。过度悲忧，导致肺气耗伤或宣降失常，使人出现意志消沉、气短胸闷、乏力懒言等表现。比如，《红楼梦》中的林黛玉多愁善感，整日郁郁寡欢，悲悲切切，活在悲伤之中，最终因肺病而香消玉殒。《黄帝内经》中记载："悲则气消。"

恐，是恐惧。惊，是突然受到惊吓的表现。过度惊恐，导致人心神不定、气机逆乱、肾气不固、气陷于下的病机变化，临床可见惊悸不安、慌乱失措、神志错乱、二便失禁等表现。比如，有些人受到恐吓后，会出现大小便失禁，甚至"屁滚尿流"的现象。《黄帝内经》中记载："恐则气下。""惊则气乱。"

生活中的中医小妙招

"笑一笑，十年少"是一句在我国广为流传的谚语。它是精神情绪与健康长寿之间关系的最生动、最精辟的总结。

人是精神和肉体的统一体，身、心之间有明显的相互作用。人情绪的好坏直接影响到工作、生活和身体健康。笑是心理和生理健康的反映，是精神愉快的表现，

笑能消除神经和精神的紧张，使大脑得到休息，使肌肉放松。

笑还是一种特殊的健身运动。笑可引起面部眼、口周围表情肌和胸、腹部肌肉运动。人"捧腹大笑"时连四肢的肌肉也一起运动，从而加快血液循环，促进全身新陈代谢，提高抗病的能力。

笑对呼吸系统有良好的作用，随着朗朗笑声，胸脯起伏，肺叶扩张，呼吸肌肉也跟着活动。同时，哈哈大笑还能产生"出汗、泪涌"的效果，起到促进汗液分泌、清除呼吸道和泪腺分泌物的作用。愉快的心情还能增加消化液的分泌，欢声笑语可促进消化道的活动，使人食欲大增。

笑还能祛病保健。笑能缓解颈部肌肉的紧张度，对于治疗头痛病特别有效。所以只有笑口常开才能确保身体健康、心情愉悦。让我们尽情地欢笑吧！

 **思考能力我最强**

情志是导致人体生病的主要因素之一，情志可以治疗疾病吗？

 **动手能力我最棒**

情志与人体的健康密切相关。你还知道有哪些由情志引发疾病的小故事吗？动手查一查吧。

第三课 饮食失宜

东汉班固的《汉书·郦食其传》中记载:"民以食为天。"饮食是人赖以生存和维持健康的基本条件,是人体生命活动所需营养物质的重要来源。但饮食要有节制,饮食结构要合理,五味均衡,定时定量,安全卫生。饮食失宜,会引发疾病,称为"饮食内伤",包括饮食不节、饮食不洁、饮食偏嗜等。

饮食不节,包括过饥和过饱。过饥和过饱都会影响健康,导致疾病发生。《黄帝内经》中记载:"谷不入,半日则气衰,一日则气少矣。"饮食过少,或脾胃功能虚弱而食欲减退，会导致气血化生无源，营养缺乏，影响人体正常发育。而饮食过量，超过了脾胃的承受能力，则易出现饮食积滞、腹胀等症状，甚至引发肥胖。因此，饮食尽量定时定量，饥饱适中，保证脾胃消化、吸收活动的正常运行，顺利供应营养以保证各种生理活动。

正如《弟子规》中所言："对饮食，勿拣择，食适可，勿过则。"饮食不洁，指食用不洁净或陈腐变质，甚至有毒的食物，而导致疾病发生，出现腹胀、腹痛、腹泻等症状。因此，饮食应新鲜、清洁，以熟食为主，瓜果蔬菜一定要清洗干净。

饮食偏嗜，指特别喜好某种性味的食物或专食某些食物。嗜食寒凉生冷的食物容易耗伤脾胃阳气，导致寒湿内生；嗜食辛温燥热的食物会引发肠胃积热。《黄帝内经》中记载："食饮者，热无灼灼，寒无沧沧。寒温中适，故气将持，乃不致邪僻也。"

五味，包括酸、苦、甘、辛、咸，与五脏有一定的亲和性。如果长期偏嗜某种性味的食物，就会导致相应脏腑功能活动失调，引发疾病。因此，饮食要注意调和，保持五味平衡。此外，还要注意均衡膳食，不能专食某种食物，或不食某种食物。

 生活中的中医小妙招

神奇的摩腹疗法

摩腹疗法是对腹部进行有规律的特定按摩，防治胃肠道疾病的方法。顺时针按摩腹部300次，可以缓解消化不良的症状，是日常生活中常用的促进消化的小妙招。

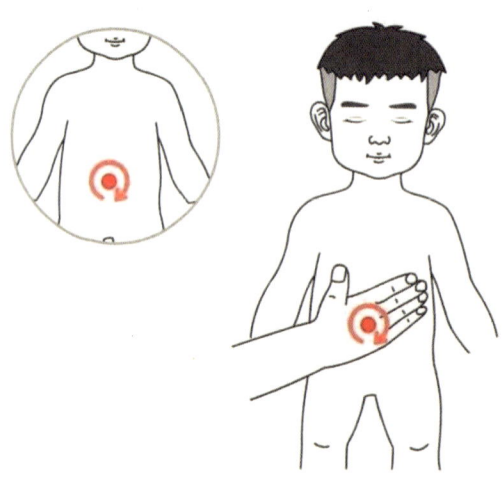

·顺时针摩腹·

 **思考能力我最强**

俗语说:"若要小儿安,常带三分饥与寒。"你知道在日常饮食中有哪些注意事项吗?

 **动手能力我最棒**

请描摹食物从进入到排出人身体的过程,并熟知参与消化的各器官名称。

第四课 劳逸失度

劳逸结合、动静相兼是保障人体健康的重要条件。如果劳逸失度，长期过劳或过逸，都不利于身体健康，会导致疾病发生。正如《礼记》中所言："一张一弛，文武之道也。"

过劳，也就是过度劳累，是引发各种疾病的主要原因。《黄帝内经》中记载："久视伤血。""久立伤骨。""久行伤筋。"过度劳累容易损伤脏腑组织，导致积劳成疾。比如，过度用眼会引起视物模糊，长久站立会出现腰膝酸软、骨节疼痛等症状。

过逸，也就是过度安逸，同样不利于健康。《黄帝内经》中记载："久卧伤气。""久坐伤肉。"人体每天需要适度运动，使阳气振奋，气血流通。若长时间少动安闲，则易导致人体各脏腑机能低下，气血津液循行迟滞，引发疾病。

因此，劳逸结合、劳逸适度也是防治疾病的重要理念之一。

生活中的中医小妙招

强身健体"五禽戏"

五禽戏是一种中国传统健身方法，由五种模仿动物的动作组成，由东汉医学家华佗创制。据《华佗传》中记载，华佗告诉自己的弟子吴普："人体欲得劳动，但不当使极尔。动摇则谷气得消，血脉流通，病不得生，譬犹户枢不朽是也。是以古之仙者为导引之事，熊颈鸱顾，引挽腰体，动诸关节，以求难老。吾有一术，名

· 强身健体五禽戏·

五禽之戏：一曰虎，二曰鹿，三曰熊，四曰猿，五曰鸟。亦以除疾，并利蹄足，以当导引。体中不快，起作一禽之戏，沾濡汗出，因上著粉，身体轻便，腹中欲食。"吴普遵照华佗的教导坚持锻炼，取得了良好的养生效果，一直到90多岁，还耳聪目明，牙齿顽坚。

五禽戏以其良好的健身效果被历代养生家称赞。传统的五禽戏有多种流派，动作多少不一。由国家体育总局新编的简化五禽戏，每戏分两个动作，分别为虎举、虎扑，鹿抵、鹿奔，熊运、熊晃，猿提、猿摘，鸟伸、鸟

·五禽戏·

飞。每种动作都是左右对称地各做一次，并配合气息调理。

练习各个动作时，要体现虎的刚猛、鹿的机敏、熊的壮实、猿的灵活、鹤的舒展飘逸等气势，形神合一，则效果最佳。

 **思考能力我最强**

你知道生活中有哪些养眼护眼小知识吗？快分享给大家吧！

· 爱护眼睛 ·

 动手能力我最棒

每年的6月6日是"全国爱眼日"。我们每天读书、写字，容易引起眼疲劳，动手做一做眼保健操，放松一下"辛苦"的双眼吧！

· 全国爱眼日 ·

第三单元
中医是怎么看病的

望、闻、问、切四诊是用来综合病人各方面的情况,从而确定诊断治疗,这是中医诊治疾病的关键之一。

第一课 望　　诊

同学们，你们找中医大夫看过病吗？大夫是不是要先看一看舌头、面色、皮肤？这其实就是我国传统中医中的望诊。下面我们就了解一下望诊的一些基础知识。

望，就是看。医生用眼睛对人体全身或局部看到的征象和排出物进行有目的的观察，从而来了解健康或者疾病的状态，称为望诊。望诊主要包括观察人的神、色、形体、舌象、皮肤等情况，以及排泄物、分泌物及其形状、颜色、质量等。因为舌象、面色反映内脏病变比较准确，所以形成了舌诊、面部色诊两项中医独特的传统诊法。

我国人民的肤色一般都呈微黄并且明亮润泽，在此基础上，有些人有略白、较黑、稍红等差异。除此之外，其他一切反常的颜色有可能属病色。面色发红，表示有热。比如，发热的人脸庞就红通通的，此时看他的舌苔，往往也发黄。

健康人的舌象，简称"淡红舌、薄白苔"。意思是舌体柔软，运动灵活自如，颜色淡红鲜明；舌体适中，无异常形态；舌苔薄白润泽，颗粒均匀，薄薄地铺于舌面，揩之不去，干湿适中，不黏不腻等。有些小朋友吃多了不好消化的食物，舌苔就会变厚，像豆腐渣堆积在舌面上。

生活中的中医小妙招

有时尤其在夏天的时候，同学们会咬到舌头或者腮帮，爸爸妈妈会开玩笑地说这是想吃肉了，其实这是上火了，因为中医认为"舌为心之苗"，此时用莲子心泡水喝，可以去心火。

· 莲子心 ·

 **思考能力我最强**

想一想：有哪些食物吃完以后会影响舌苔的颜色？

 **动手能力我最棒**

仔细观察一下同桌的面色和舌苔。

第二课 闻　　诊

闻诊是中医中的四诊之一，下面让我们来了解一下吧。

闻诊是医生通过听声音和嗅气味来诊断病情的一种方法。

听声音，主要是听患者言语气息的高低、强弱、清浊、缓急等情况，以及咳嗽、呕吐等声响的异常，以分辨病情。健康人的声音，虽然有个体差异，但发声自然、音调和畅，刚柔相济。由于人们性别、年龄、身体等形质禀赋不同，健康人的声音也各不相同，男性多声低而浊，女性多声高而清，儿童则声音尖利清脆，老人则声音低沉。人患病时，如果语声高亢洪亮，话多同时伴有烦躁多动，多属实证、热证。如果语声低微无力，少言而安静，多属虚证、寒证。

嗅气味，主要是嗅病人身体、排出物等的异常气味，以了解病情，判断疾病。比如，有些小朋友患有龋齿或牙周炎等口腔疾病，这就会导致口臭。

生活中的中医小妙招

俗话说，"牙疼不是病，疼起来真要命"。上火往往会引起牙疼。上火牙疼，可以用竹叶10片、绿豆30个熬水，熬出来的水用来冲鸡蛋花汤（先将鸡蛋打散，之后加入开水烫熟）。这也是通用的下火方子，尤其是针对口腔上火。

·竹叶·　　　·绿豆·

 **思考能力我最强**

秋冬季节是呼吸道疾病的高发期，咳嗽也是呼吸系统疾病的主要表现，有人咳嗽有很大的痰鸣音，有人咳嗽干咳少痰。你能说出这是为什么吗？

 **动手能力我最棒**

《红楼梦》第八十回王道士胡诌妒妇方有个"疗妒汤"："用极好的秋梨一个，二钱冰糖，一钱陈皮，水三碗，梨熟为度……"做法非常简单：用一个生梨、陈皮6克、冰糖适量，把梨（带皮）洗净切成小块，陈皮洗净掰成小块，放入锅中，煮开后

再煮15至20分钟，喜欢偏甜的可以再加点儿蜂蜜。梨，味甘味酸，生津润燥化痰，虽然它性偏凉，但配合性温的陈皮，不会伤胃，还可以理气，同时梨清热生津，润燥化痰，这个食疗糖水最适合阴虚且又脾胃虚寒的人。同学们可以给自己亲爱的爸爸妈妈做一碗润肺开胃、甜丝丝，既止咳又好吃的陈皮秋梨汤。

·陈皮秋梨汤·

第三课 问 诊

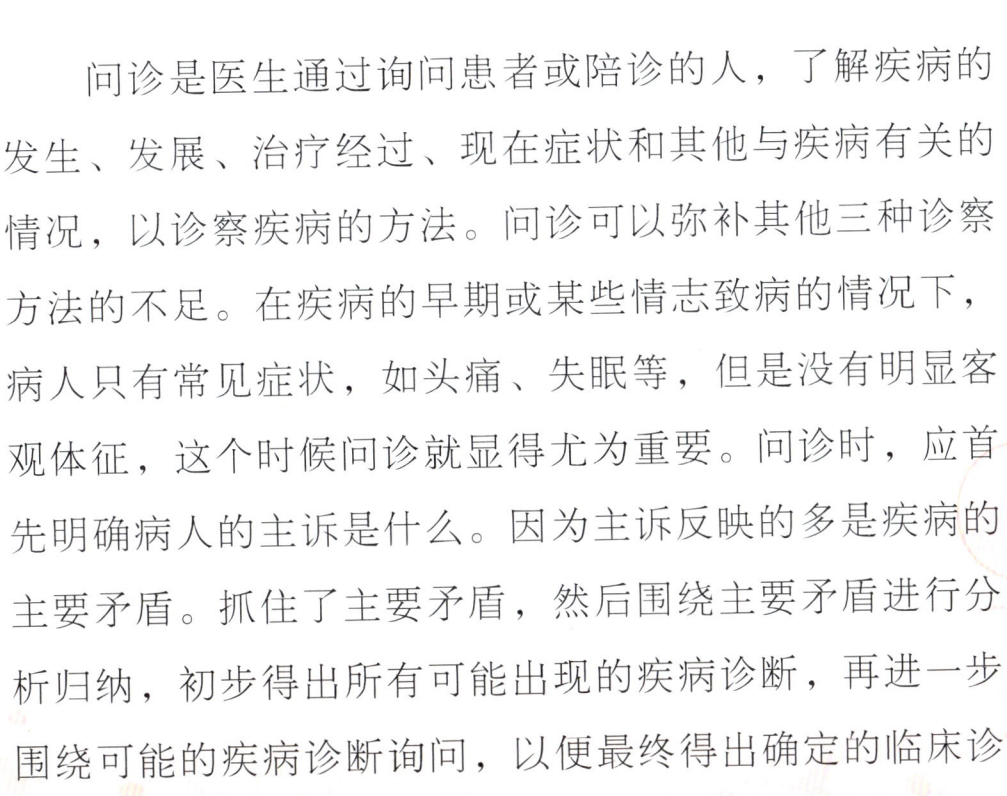

中医的四诊是医学界神奇的存在。通过本节课的学习，同学们可以了解一下四诊之一问诊的一些基础知识。

问诊是医生通过询问患者或陪诊的人，了解疾病的发生、发展、治疗经过、现在症状和其他与疾病有关的情况，以诊察疾病的方法。问诊可以弥补其他三种诊察方法的不足。在疾病的早期或某些情志致病的情况下，病人只有常见症状，如头痛、失眠等，但是没有明显客观体征，这个时候问诊就显得尤为重要。问诊时，应首先明确病人的主诉是什么。因为主诉反映的多是疾病的主要矛盾。抓住了主要矛盾，然后围绕主要矛盾进行分析归纳，初步得出所有可能出现的疾病诊断，再进一步围绕可能的疾病诊断询问，以便最终得出确定的临床诊断。

·问诊·

问诊的内容主要包括一般项目、主诉和病史、现在症状等。询问和记录一般项目，可以加强医患联系，追访病人，对病人诊治负责，同时也可作为诊断疾病的参考。主诉是病人就诊时陈述其感受最明显或最痛苦的主要症状及其持续的时间。主诉通常是病人就诊的主要原因，也是疾病的主要矛盾。主诉包括不同时间出现的几个症状时，则应按其症状发生的先后顺序排列。一般主诉所包含的症状可能是一个或两三个，不能过多。

现病史包括疾病从起病之初到就诊时病情演变与诊察治疗的全部过程，以及就诊时的全部自觉症状。问现在症状，是指询问病人就诊时的全部症状。症状是疾病的反映，是临床辨证的主要依据。通过问诊掌握病人的现在症状，可以了解疾病目前的主要矛盾，并围绕主要矛盾进行辨证，对疾病作出正确的判断。因此，问现在症状是问诊中重要的一环。为求问得全面准确，没有遗漏，一般是以名医张景岳的"十问歌"为顺序。《十问歌》的内容为："一问寒热二问汗，三问头身四问便，五问饮食六问胸，七聋八渴俱当辨，九问旧病十问因，再兼服药参机变；妇女尤必问经期，迟速闭崩皆可见；再添片语告儿科，天花麻疹全占验。"

生活中的中医小妙招

·粳米·

粳米属于大米中的一种。在中医学理论中，粳米不仅是食物，也是一味极好的药。在医圣张仲景的《伤寒杂病论》中，有7个方子用了粳米。中医学理论认为粳米味甘性平，入脾、胃、肺经，能补中益气，健脾和胃。因为它专入脾胃，所以能补养脾胃。另外，还有很多清代医家说粳米滋阴益阴。所以粳米不仅能补益脾胃，而且熬成米油后，还可以大

补津液，滋阴填精髓。尤其是有些小朋友体质偏阴虚的，在干燥的秋天，容易大便干结，或者大便前面干后面稀，就可以每天喝点儿米油。米油色白入肺，不仅滋阴还补益肺气，非常适合在干燥的秋天食用。

 **思考能力我最强**

俗话说："秋冬进补，开春打虎。"同学们想一想：是不是所有的人都适合进补？不同体质的人该如何进补？

动手能力我最棒

像老师、律师等这些频繁用到嗓子的职业很容易得津伤口渴、咽喉干痛失音的职业病。同学们可以给自己敬爱的老师做一杯生津止渴、清热利咽的罗汉果茶。中医学理论认为，罗汉果味甘性凉，归肺、大肠经，有润肺止咳、生津止渴、润肠通便的功效。罗汉果茶的做法非常简单，只需要罗汉果半个（一人份），将罗汉果外层洗净后，捏碎，用沸水冲泡，闷上15分钟就可以喝了。泡水的时候，罗汉果的皮千万别扔掉，它润肺止咳的功效比里面的果瓤还要好。

·罗汉果茶·

第四课 切 诊

当你去找中医大夫看病的时候,中医大夫常常会拿一个小布枕头放在你的手腕下,然后将三根手指头搭在你的手腕上,这就是最具中医特色的诊断手法——切脉。经过大夫的切脉,有的时候甚至不用你说,大夫就会说出你的症状,是不是很神奇呢?通过本课的学习,同学们可以了解一些切诊的基础知识。

切诊包括脉诊和按诊两部分内容,脉诊是按脉搏;按诊是在病人身体上一定的部位进行触、摸、按压,以了解疾病的内在变化或体表反应的一种诊断方法。

脉诊,是指医生用指腹在特定部位按压以诊察病人的脉象。通过诊脉,体察病人不同的脉象，以了解病人的病情，诊断疾病，它是中医学中一种独特的诊断疾病的方法。疾病的表现尽管极其复杂，但从病位的浅深来说，不在表便在里，而脉象的浮沉，可以反映病位的浅深。目前普遍选用的切脉部位是寸口，寸口又称脉口、气口，其位置在后动脉。寸口分寸、关、尺三部，以高骨为标志，其稍内方的部位为关，关前为寸，关后为尺。两手各分寸、关、尺三部，共六部脉。古人称正常脉象为平脉，是健康无病之人的脉象。

· 诊脉图 ·

生活中的中医小妙招

人的身体有一个神奇的补肾阀门——太溪穴，揉按脚上的太溪穴，对失眠、肾虚、耳鸣、脱发都有很大的帮助。在古代，"太"的意思是大，"溪"，溪流，意思就是肾经水液在这个穴位形成较大的溪水，再顺着经穴的方向向上流注。古代很多医家面对重病垂危的病人，经常用这个穴位来判断生死。如果在太溪穴能够摸到脉搏跳动，说明肾气没有枯竭，还有救。如果没有跳动，就说明病人非常危险了。用手拇指在内踝和跟腱之间反复仔细地按压，感觉酸、痛、胀最为明显，并且凹陷的地方就是太溪穴，揉按此穴有滋阴补肾、强腰壮骨、安神助眠的功能。每天揉按太溪穴几分钟，力度柔和，有酸胀感觉效果最佳。

太溪穴
位于足内侧，内踝后方与脚跟骨筋腱之间的凹陷处。

·太溪穴·

 **思考能力我最强**

《西游记》中唐僧师徒四人到了朱紫国。孙悟空为朱紫国国王通过悬丝诊脉，诊断国王得了"双鸟失群"病。同学们想一想：悬丝诊脉是神话故事里的杜撰还是现实生活中的真实存在呢？

· 悬丝诊脉 ·

 **动手能力我最棒**

　　动手给身边的同学们诊脉,感受一下不同的脉象。

第四单元
认识中药的剂型

　　剂型是根据病情的需要和药物的性质与给药的途径,将原料药加工制成适宜的形态样式,以使中药方剂发挥最佳疗效,减少药物的毒性与烈性,便于临床运用以及贮藏、运输等。剂型是中药方剂的重要方面,决定着方剂的有效性、安全性和稳定性。

第一课 带你认识汤剂

汤剂的起源十分久远，据传，殷商时期的伊尹著有《汤液经法》，尽管这本书已经失传，但足以说明汤剂产生得非常早。火的运用是人类改善生活，提高健康水平的重要标志。随着生产的发展，陶器的烧制，为汤剂的产生提供了条件，汤剂是中药煎药方法中的一种重要剂型。

汤剂，古代称汤液，是将药物加水浸泡后，再煎煮一段时间，去渣取汁制成的液体剂型。沈括在《梦溪笔谈》中说，古代用汤剂的最多。一般说来，要使药效达到四肢五脏，汤剂最好。汤剂是中医临床应用最广泛的一种剂型，主要内服，比如桂枝汤、麻黄汤等，外用作洗浴、熏洗以及含漱等。汤剂的特点是制作简便，吸收快，能迅速发挥作用，特别是能够根据病人的具体情况进行加减药物。

· 中药汤剂 ·

但是汤剂也有它的缺点，比如味道苦，量大，服用不方便，携带也不方便。

 **生活中的中医小妙招**

把生花生米嚼碎，伴着牙膏一起刷牙，可以祛黄，坚持下去可以使黄牙变白。生嚼生花生不仅可以美白牙齿，对胃部保养也有特效，常吃花生米可以减轻胃部疼痛。

 **思考能力我最强**

有句俗语说，"肉生痰，鱼生火，青菜豆腐保平安"。同学们，这其中包含了什么样的中医医理呢？

动手能力我最棒

在寒冷的冬天喝上一碗热乎乎的当归生姜羊肉汤，全身都暖和了起来，这道汤不仅喝起来美味，而且还是一个可以治病的名方，出自张仲景的《金匮要略》。做法也非常简单，当归10克，生姜15克，羊肉250克，羊肉切块冷水下锅，水沸腾5分钟之后捞出，焯去血水。砂锅内放清水，羊肉放入，再放当归、生姜，大火烧开后，撇去浮沫，小火炖至羊肉烂熟就好了。羊肉、当归都是非常好的补血食材，又有生姜帮助消化，再加上长时间的炖煮，所以非常容易被病人虚弱的肠胃消化。此方的补血力度非常大，是中医药里效果较好的药食两用之方，可以作为保健使用。此汤还可以祛风寒，如果受到风寒侵袭而感冒，立刻喝上一碗当归生姜羊肉汤就会出汗，将体表受到的风寒驱除，所以它也是很好地预防感冒的食疗方。但是当归生姜羊肉汤并非每个人都适合食用，因为羊肉属于腥膻性温之物，有可能使有皮肤病、过敏性哮喘的病人旧病复发或者病情加重，所以这类人不适合食用。平时怕热、容易上火、得口腔溃疡、手足心发热的人以及感冒发热、咽喉疼痛的人，也不宜食用。

同学们在爸爸妈妈的指导下，熬制一碗热乎乎、香喷喷的当归生姜羊肉汤吧！

·当归生姜羊肉汤·

第二课 带你认识丸剂

·茜草·

我国较早的传统医方《五十二病方》，约成书于公元前3世纪的战国时期，书中已出现了丸剂。约成书于战国时期的《黄帝内经》也有"四乌贼骨一藘茹丸"（藘茹即茜草）的记载。《神农本草经》论述药性与剂型的关系时指出："药性有宜丸者，宜散者，宜水煎者……并随药性，不可违越。"司马迁的《史记·扁鹊仓公列传》中有"即令更服丸药，出入六日，病已"的记载。汉代名医张仲景应用蜂蜜、糖、淀粉及动物胶汁为丸药的赋形剂。

丸剂，俗称丸药，是将药物研成细末，加其他辅料，如水，或糊，或药汁，或蜂蜡等拌和制成的球形固体剂型。丸剂是中药传统剂型之一，服用后具有崩解、吸收缓慢，药力持久，节省药材，便于服用、携带、贮存等优点。丸剂一般适用于慢性、虚弱性疾病，如六味地黄丸、补中益气丸、归脾丸等。也有用于急救，但方中含有芳香类药物且不宜加热煎煮的，如安宫牛黄丸。某些峻烈药品，为了使其缓缓发挥药效，或不适合作汤剂煎服的，也可以做成丸剂。丸剂的缺点是小孩子服用困难，容易污染。

生活中的中医小妙招

做眼保健操，通过按揉攒竹穴、睛明穴、四白穴、风池穴、太阳穴可以起到缓解头痛、视力疲劳，减轻脖子酸痛的效果。

第一节：按揉攒竹穴。双手大拇指按于眉心的穴位处，其余指尖触前额，拇指按节拍揉圈，做四个八拍。

第二节：按压睛明穴。用双手食指分别按在两侧眼窝穴位处，按节奏上下按压，做四个八拍。

第三节：按揉四白穴。用双手食指分别按在两侧穴位处。大拇指抵在下颌凹陷处，其他手指握紧。每拍一圈，做四个八拍。

第四节，按揉太阳穴，刮上眼眶。双手大拇指螺旋面分别按在两侧太阳穴上，其他手指自然弯曲，先用大拇指按揉太阳穴，每拍一圈，揉四圈。然后大拇指不动，用双手食指的第二个关节内侧，从眉头刮至眉梢。做四个八拍。

第五节，按揉风池穴，双手食指和中指的螺旋面分别按在两侧颈后的穴位上按揉穴位。每拍一圈，做四个八拍。

中医药文化与健康

第四单元 认识中药的剂型

 **思考能力我最强**

随着现代科技产品的普及，青少年接触电子产品越来越频繁，用眼强度增大，注视时间太长，用眼距离太近等，都是造成近视的重要因素。所以

同学们一定要养成良好的用眼习惯。

·养成良好的用眼习惯·

《黄帝内经》中提到了"久视伤血",中医认为肝开窍于目,肝是贮藏血液的仓库,用眼过度就会耗伤肝血,肝血不足就不能濡养双眼,就会导致近视。另外,《黄帝内经》中还提出能看清东西,辨别颜色,都是五脏六腑精气上承的结果,一旦出现视物模糊或者辨色功能减退,都是某个脏腑精气不足的表现。同学们想一想:影响视力的第二个关键脏腑是哪一个呢?

动手能力我最棒

近代名医张锡纯在《医学衷中参西录》中提到:"山楂味酸而微甘,能补助胃中的酸汁,故能消化饮食积聚,以治肉积为效。"所以无论成人还是儿童,如果积食了,尤其是吃肉过多的时候,可以吃几颗山楂丸。山楂丸的配方非常简单,有山楂、炒

·炒六神曲·

·山楂丸·

麦芽、炒六神曲、蔗糖、水、蜂蜜或者麦芽糖。做法也不复杂,山楂50克,炒麦芽20克,炒六神曲20克,用切碎机打碎,再过筛混匀。另取蔗糖100克加水40毫升,溶解备用。再取蜂蜜或者麦芽糖100克,放入锅中

熬煮，看到冒泡泡即可。把熬煮好的蜂蜜或者麦芽糖与筛好的粉末混匀，制成丸。同学们，山楂丸的做法是不是很简单呀？那就做一些酸甜可口、消食化积的山楂丸分给自己的好朋友和同学吧！

第三课 带你认识膏剂

膏，东汉许慎在《说文解字》中曰："肥也。"膏者，脂也。凝者曰脂，释者曰膏。膏剂是中医药传统八大剂型之一，"膏取其润，丹取其灵，丸取其缓，散取其急"。膏分外敷、内服。两汉时期以外敷为主；宋朝，汤剂逐渐为膏所代替；明清时期，膏剂已进入成熟阶段。近代名医秦伯未曾说"膏方非单纯补剂，乃包含救偏却病之义"，说明了膏剂调补身体、防病治病和养生延年的积极作用。

膏剂是将药物用水或植物油煎熬去渣而制成的剂型，有内服、外用两种。内服膏剂以煎膏最为常用，是将药材加水反复煎煮到一定程度后，去渣取液，再浓缩，加入适量蜂蜜、冰糖等制成稠厚状的半流体制剂。

煎膏剂是中药传统的剂型之一，因为它药性滋润，所以又叫作膏滋。煎膏因为经浓缩后制成，体积小，含量高，便于服用，又因为含有大量的蜂蜜或者糖，味甜而营养丰富，有滋补调理的作用，一般用于慢性虚弱性疾病，有利于较长时间服用，但是糖尿病患者不宜服用。常见的有十全大补膏、当归养血膏等。

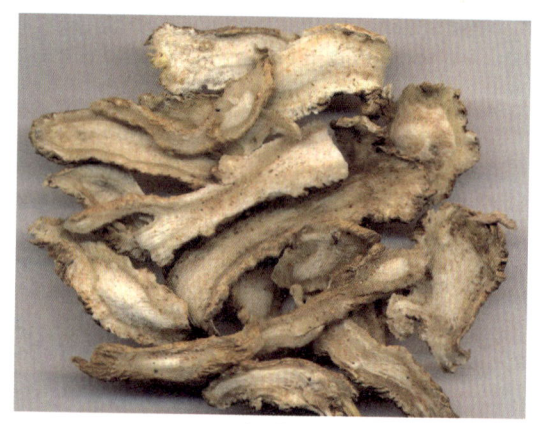

·当归·

外用膏剂分为软膏、硬膏两种。软膏又称药膏，是将药物细粉制成具有适当稠度的半固体外用制剂，多用于皮肤、黏膜或者疮面。软膏具有一定的黏稠性，外涂后渐渐软化或者溶化，使药物慢慢吸收，持久发挥作用，适用于外科疮疡、疖肿、烧烫伤等。硬膏又称膏药，古代称薄贴，是以食用植物油等将药物煎熬到一定程度后，去渣制成的硬膏。膏药是中药传统剂型之一，外用有消肿止痛、去腐生肌、舒筋活络等作用。膏药贴于患处可治疗局部疾病或者全身性疾病，如跌打损伤、腰痛、颈肩疼痛等。膏药用法简单，携带、贮存方便。

 **生活中的中医小妙招**

生姜，既是食品，也是中药。容易晕车的同学，可以在坐车前半小时含服一片生姜，含到无味的时候再更换一片新的。晕车往往与痰湿有关，生姜能够温中散寒，化痰止吐，所以含服生姜能起到一定防治晕车的作用。

·生姜·

 **思考能力我最强**

想一想：我们常说的"狗皮膏药"是属于硬膏还是软膏呢？

中医药文化与健康

第四单元 认识中药的剂型

 **动手能力我最棒**

当秋天来临的时候,空气变得干燥,人就会出现嘴唇、喉咙、鼻腔、眼睛、皮肤干燥等状况。这个时候就可以吃生津润肺的秋梨膏,它来源于清代的《太医院秘藏膏丹丸散方剂》,书中记载它有诸多功效,"清金降火,止咳化痰,解渴除烦,生津润燥或阴虚火旺,口燥咽干咳久嗽血,吐血咯血痰中带血,肺经虚损,悉能治之"。同学们在爸爸妈妈的帮助下做一瓶能够终结干燥、秋咳、火旺、便秘的清宫秘方秋梨膏吧!

·秋梨膏的制作原料· ·秋梨膏·

第四课 带你认识散剂

散剂是中药传统剂型之一,金元四大家之一的李杲曾说:"散者,散也,去急病用之。"由此可见,散剂治疗疾病的效果又快又好。

散剂是指将一种或多种药物粉碎,混合均匀制成的粉末状制剂。散剂是中药传统剂型之一,根据它的用途分为内服散剂和外用散剂。内服散剂,一般是研成细末,以温开水冲服,如川芎茶调散。外用散剂,一般外敷到创面或者患病部位,如生肌散。还有吹喉、点眼等外用散剂,如冰硼散、八宝眼药等。散剂的特点是易于分散,溶出快,吸收快,起效快。另外,散剂的制备工艺简单,药质比较稳定,易于控制剂量,便于婴幼儿服用,携带方便。外用散剂覆盖面积大,对外

· 川芎 ·

伤可同时发挥保护、收敛、促进伤口愈合等作用。散剂也有劣势，因为分散度大，可使吸湿性、气味、刺激性、不稳定性等方面的不良影响增加。

 **生活中的中医小妙招**

患有慢性咽炎、喉咙不舒服、有异物感或者喉咙干痒的患者，可以用乌梅1克、甘草1克、桔梗1克、天冬1克、麦冬1克泡水喝，能够清热养阴，润肺利咽。

·甘草·

·桔梗·

 **思考能力我最强**

除了文中讲到的剂型，同学们还知道中药的其他什么剂型吗？

 **动手能力我最棒**

鲜花入食是我国的饮食文化传统，各种鲜花有着它们各自的药效，比如，菊花散风清热、平肝明目，玫瑰花疏肝理气、活血化瘀，桂花散寒破结、止咳化痰。下面就给大

·菊花·

·桂花·

家介绍如何做一道美味的桂花糖板栗。用料：板栗250克，冰糖适量，食用油一勺，桂花2克。将板栗洗干净，用刀在板栗外壳上划一道口子，把板栗放入电饭煲里，倒入食用油，再加入冰糖和盖过板栗一半的水，选择电饭煲"煮饭"的功能，板栗快熟时加入桂花拌匀。桂花辛温行气，止咳化痰，板栗健脾养胃补肾，可以说这个桂花糖板栗是既美味又有营养。

·桂花糖板栗·